DESSAU

Es fotografierte Peter Kühn
Den Text schrieb Siegfried Dohnert

VEB F. A. Brockhaus Verlag Leipzig

Einband Vorderseite:
Blick auf eines der Y-Häuser am Stadtpark

Einband Rückseite:
Das Bauhaus in seiner sachlich-klaren Gestaltung

ISBN 3-325-00141-6

1. Auflage

Lizenz-Nr.: 455/150/31/88 · LSV 5219
Lektorat und Bildauswahl: Ingrid Ritter
Reihengestaltung: Hans-Jörg Sittauer
Layout: Claus Ritter
Printed in the German Democratic Republic
Gesamtherstellung: Druckerei Fortschritt Erfurt
Redaktionsschluß: 30. 6. 1987
Bestell-Nr.: 586 333 6
01000

ÜBER DIE ERSTEN ANFÄNGE DESSAUS ist wenig bekannt; weder die Zeit der Gründung läßt sich genau bestimmen, noch ist die Frage, ob es sich um eine ältere slawische Anlage oder eine deutsche Gründung handelt, bis heute eindeutig geklärt. Bei einer ungefähren Zeitbestimmung kann man nicht allzuweit vor 1200 zurückgehen, denn zum ersten Male wird Dessau 1213 in einer Urkunde genannt. Bei einer Stiftung des Fürsten und Grafen Heinrich I. von Ascharien, der aus einer Erbteilung mit seinem Bruder Albrecht das Fürstentum Anhalt erhalten hatte, war am 4. November 1213 als einer der Zeugen der Pfarrer Bertoldus von Dissowe in Wörlitz anwesend. Damit wird nicht nur das erste Datum gewonnen, sondern man kann einen kleinen Ort voraussetzen, der wahrscheinlich eine Kirche besaß und in dem eine Kirchengemeinde bestand. Ein Vertrag zwischen dem Kloster Nienburg/Saale und den Askaniern von 1239 belegt das Vorhandensein einer Mühle und Muldebrücke, deren Gewinn und Zoll dem Abte von Nienburg übertragen war.

Dessau muß am Anfang seiner Entwicklung eine recht kleine Siedlung gewesen sein, die auf einer in die Niederungen von Mulde und Elbe vorgeschobenen Talsandzunge entstand, wo sich für die Handelsstraßen günstige Übergänge über die Flüsse boten. So waren die ersten Siedler Kaufleute, Handwerker, Müller, Fischer und Ackerbürger. Bereits 1228 wird Dessau als »oppidum« (Stadt) bezeichnet und erscheint 1298 als »civitas« – ein mit Markt und Stadtbefestigung versehener Ort, der zugleich Träger eines von eigener Obrigkeit geleiteten städtischen Gemeinwesens war. Aber erst 1323 werden dann Ratmannen und Stadtsiegel und 1422 ein Bürgermeister urkundlich belegt. Als erster repräsentativer kommunaler Bau entstand ein Kaufhaus, das 1336 das erste Rathaus der Stadt wurde. Seit 1341 nahmen die Fürsten von Anhalt mit dem Bau des Schlosses immer häufiger ihren Sitz in Dessau, und 1471 wurde die Stadt Residenz.

Eine erste bauliche Blütezeit erlebte Dessau im 16. Jahrhundert. Die Reformation brachte eine Stärkung des Bürgertums und damit einen Aufschwung des städtischen Lebens, der in reger Bautätigkeit seinen Ausdruck fand. Prächtige Bürgerhäuser mit Renaissancegiebeln am Großen Markt, der

Neubau der Schloßkirche und umfangreiche Baumaßnahmen am Schloß durch Ludwig Binder schufen der Residenz ein repräsentatives Stadtensemble. Ab 1530 erweiterte sich die Stadt außerhalb der Mauern. Im Nordosten breitete sich die Muldevorstadt aus, südlich entstanden die ersten Häuser der »Vorstadt auf dem Sande«.

Im 17. Jahrhundert stagnierte die Stadtentwicklung, verminderte sich doch die Einwohnerzahl durch Kriege, Pest und Schwarze Pocken erheblich. Um die Jahrhundertwende raffte der »Schwarze Tod« mehr als 3000 Menschen in Dessau dahin. Im Dreißigjährigen Krieg brachte die durch die Elbe- und Muldebrücken bestimmte strategische Lage der Stadt besondere Nachteile. 1626 kam es zwischen dem Grafen Mansfeld und Wallenstein zur Schlacht an der Dessau-Roßlauer Elbbrücke, die siegreich für die Kaiserlichen ausging. Fast fünf Jahre blieb die Stadt besetzt und hatte wegen des Elbüberganges unter fortwährenden Durchzügen von Truppen zu leiden. Plünderungen, Brandschatzungen und Seuchen blieben der Stadt nicht erspart.

Erst gegen Ende des 17. Jahrhunderts begann ein neuer Aufschwung. Westlich der alten Stadtmauer wurden die Johanniskirche und der Neumarkt errichtet. Nach 1711 setzte eine entscheidende städtische Entwicklung ein. Unter der Regierung des Fürsten Leopold I. von Anhalt-Dessau (1676 bis 1747), bekannt unter dem Namen »Der alte Dessauer«, der als Generalfeldmarschall der preußischen Könige Friedrich Wilhelm I. und Friedrich II. das preußische Heer aufgebaut hatte, erfuhr die Stadt eine bedeutende Erweiterung. Die alte Stadtmauer wurde geschleift und eine neue Mauer, die keinen wehrhaften Charakter mehr besaß, gebaut, von der noch heute Reste im Stadtpark erhalten sind. Sie umfaßte neben der Altstadt, der Mulde- und Sandvorstadt auch die um die Johanniskirche entstehende Neustadt und bezog noch große unbebaute Flächen mit ein, die Platz für weitere Bauten boten. Von der Johanniskirche aus führte ein Straßenzug – als Prachtstraße gedacht – nach Süden, die Kavalierstraße, heutige Wilhelm-Pieck-Straße.

Nach dem Tode Leopolds I. strebte sein Nachfolger Fürst Leopold Friedrich Franz (1740–1817) danach, Dessau einen repräsentativen Charakter zu geben und die Stadt im Sinne der Aufklärung auch geistig und kulturell zu entwickeln. Mit dem Architekten Friedrich Wilhelm von Erdmannsdorff (1736–1800) und dem Gartengestalter Johann Friedrich Eyserbeck (1734–1818) waren bedeutende Persönlichkeiten in der 2. Hälfte des 18. Jahrhunderts in Anhalt-Dessau tätig. Erdmannsdorff errichtete neben Bauten wie der noch vorhandenen Stadtbibliothek und dem Kristallpalast vor allem die Schlösser Georgium und Luisium, wozu Eyserbeck die gartenkünstlerische Gestaltung der Parkanlagen ausführte.

Nach einer Stagnation zu Beginn des 19. Jahrhunderts belebte sich die Wirtschaft der Stadt nach den Befreiungskriegen 1813 allmählich wieder. Ab Mitte des vorigen Jahrhunderts veränderte die stürmische Industrialisierung das Gesicht und die sozialen Verhältnisse der Residenzstadt grundlegend. Tausende von Arbeitssuchenden aus dem dörflichen Umland strömten in die entstehenden Fabriken. So begann sich die Stadt zwischen Mulde und der neuangelegten Eisenbahnstrecke Roßlau-Dessau-Leipzig nach Süden und Norden zu strecken.

Mit der Novemberrevolution 1918 veränderten sich die gesellschaftlichen Verhältnisse nicht wesentlich. Aus dem Herzogtum Anhalt entstand der Freistaat Anhalt mit der Landeshauptstadt Dessau. Durch die weitere Industrialisierung – besonders mit dem Wachsen des Junkerskonzerns – zählte die Stadt 1939 nach umfangreichen Eingemeindungen 125000 Einwohner. Fortschrittliche Ideen in der Architektur und industriellen Formgebung gingen in den zwanziger Jahren vom Bauhaus aus, das aber bereits 1933 unter dem Druck national-chauvinistischer Kräfte zur Auflösung gezwungen wurde.

In der Nacht des 7. März 1945 erlebte die Stadt das schrecklichste Inferno. 600 englische Nachtbomber flogen die Stadt an und luden Tausende Sprengbomben sowie Luftminen und über hunderttausend Stabbrand- und Phosphorbomben ab. Sie verwandelten in kurzer Zeit die Stadt in ein riesiges Flammenmeer. Drei Tage dauerte die schreckliche Feuersbrunst. Wo einst Dessau gestanden hatte, lagen unübersehbare Berge von 3,4 Millionen Kubikmetern Trümmern. Zerstört waren die Wohnungen, die Schulen, das Rathaus, das Schloß, die Kirchen, das Theater, die Hotels. Kostbare Bauten aus dem 18. und 19. Jahrhundert von Erdmannsdorff und Pozzi waren vernichtet. Was die Menschen in sieben Jahrhunderten geschaffen hatten, war zerstört.

In den vergangenen 40 Jahren ist die Stadt durch den Fleiß ihrer Bürger neu entstanden, und das wenige noch vorhandene Alte wurde beim Wiederaufbau harmonisch mit dem Neuen verbunden. Zu den ersten baukünstlerischen Leistungen zählte die Wiederbebauung des ehemaligen Kleinen Marktes. Neubauten im Zentrum, großzügig angelegte Wohnviertel im Norden, Süden und Westen der Stadt, rekonstruierte und modernisierte Altbauten in Dessau-Mitte – verbunden mit allen gesellschaftlichen Einrichtungen – charakterisieren das heutige Stadtbild. Heute leben und arbeiten in Dessau 104000 Einwohner, die sich verantwortungsvoll den weitgesteckten Zielen der neunziger Jahre stellen.

LEBEN UND WOHNEN IM GRÜNEN ist für die Einwohner Dessaus kein Wunschtraum, sondern Realität. Vielfältig sind die Gelegenheiten, sich in der näheren und weiteren Umgebung zu erholen: in den zahlreichen Parkanlagen des Stadtgebietes, im Strandbad »Adria«, im Waldbad »Freundschaft«, in den Parks Luisium, Mosigkau, Georgium, Beckerbruch und Großkühnau, im herrlichen Landschaftspark von Wörlitz und schließlich in den Auenlandschaften an Mulde und Elbe und den Waldgebieten der Mosigkauer und Dübener Heide sowie des nahen Flämings.

Hier findet man kulturgeschichtliche Zeugnisse, die, in dem kurzen Zeitraum von etwa 200 Jahren geschaffen, über die lokalen Grenzen hinaus bedeutsam geworden sind. Bis Mitte des 18. Jahrhunderts war Dessau eine kleine Ackerbürgerstadt und Residenz der Fürsten von Anhalt. Unter der Herrschaft von Fürst Franz öffnete sich der anhalt-dessauische feudale Staat der fortschrittlichen geistigen Strömung seiner Zeit, der Aufklärung. Die weite Auenlandschaft um Dessau wurde in ein »Gartenreich« verwandelt. Der aus Dresden stammende Erdmannsdorff, vom Fürsten nach Dessau geholt, wurde zum geeignetsten Berater und Helfer bei der Gestaltung der Dessau-Wörlitzer Landschaft und des Kulturkreises.

Bilden Schloß und Park Mosigkau in schöner harmonischer Gestaltung (1752–1757) den Ausklang der spätfeudalen Epoche, so fand die Zeit der Aufklärung, deren progressive Ideen durch Fürst Franz, der ab 1758 die Regierungsgeschäfte führte, nachdrücklich unterstützt wurden, ihren Niederschlag im Wörlitzer Landschaftspark und dem Schloß, erbaut 1769–1773 von Erdmannsdorff. Der Wörlitzer Park, heute Anziehungspunkt von rund eineinhalb Millionen Besuchern jährlich, ist beispielgebend für eine Gartenarchitektur, die von einem neuen Naturgefühl getragen wurde. Weitere klassizistische Schloßbauten mit großzügig angelegten Parkanlagen im englischen Stil folgten: das Luisium (1774) und das Schloß Georgium (1780/81). Das Georgium umfaßt einschließlich des Beckerbruchs eine weiträumige Parklandschaft, die mit zahlreichen Parkbauten geschmückt ist.

So wurden große Teile des Dessauer Landes in eine Gartenlandschaft umgewandelt, deren schlichte, charaktervolle Schönheit seither gepriesen wird. Die reizendste intime Anlage mit vielen empfindsamen Elementen ist zweifelsohne das Luisium. Die ganze Schönheit hat wohl kaum ein anderer so erfaßt wie Wilhelm van Kempen, der 1925 in seinem Buch »Dessau und Wörlitz« diese Kulturlandschaft beschrieb: »Und doch kann alles nicht verglichen werden mit dem Luisium. Hier hat der Fürst, unfern der Stadt, 1778 durch J. F. Eyserbeck einen Park erstehen lassen, den er seiner Gemahlin zu Ehren benannte. Das von Erdmannsdorff erbaute Schlößchen steht im Mittelpunkt der gesamten Anlage, durch drei Waldalleen verbindet es sich den Elbewaldungen. Selten wieder wird ein Motiv von gleicher Stille, gleicher Intimität zu finden sein. Wer das Luisium im Herbst aufsucht, wenn ringsum der Wald in goldener Pracht steht und abends Nebel gespenstisch aufsteigen; er wird die Sprache dieser Schöpfung der Aufklärung wohl verstehen.«

Wenn heute die Bürger Dessaus das Luisium als beliebtes Ausflugsziel wählen, so sind die Gründe wohl die gleichen wie vor 200 Jahren: Die stillen Auenwälder, die mächtigen Eichen, die ganze reizvolle Landschaft gibt ihnen Ruhe, Entspannung und Erholung. Die Besucher lassen aber nicht nur die Schönheit der Natur auf sich wirken, sie genießen auch Kunst und Musik. Wenn es heißt »Und sonntags ins Luisium«, strömen viele Musikliebhaber in den Park.

»ERTÖN' MUSIK!« mag als Leitwort am Anfang eines über 200jährigen Konzert- und Theaterlebens in Dessau stehen. 1765 unternahm Fürst Franz eine Reise nach Italien. Zu seinem Gefolge gehörte neben Friedrich Wilhelm von Erdmannsdorff auch der Musiker Friedrich Wilhelm Rust (1739 bis 1796). Nach der Rückkehr von dieser Reise übernahm Rust auf Wunsch des Fürsten 1766 die Fürstliche Hofkapelle, die allerdings nur aus acht Kammermusikern bestand und zu besonderen Anlässen mit den »geschicktesten Jagdpfeifern« verstärkt wurde. In wenigen Jahren entwickelte Rust ein künstlerisch hochstehendes Orchester, das – durch Flöten, Fagott und Hörner erweitert – ab 1769 ständig öffentliche Konzerte in Dessau gab und erfolgreich in Leipzig und Magdeburg gastierte. Einen schmerzlichen Verlust erlitt die junge Musikstadt Dessau, als Rust 1796 starb.

Das rege Musikleben ließ den Wunsch nach einem Theaterraum, der größeren Kreisen der Bürgerschaft der Stadt zugänglich war, immer stärker aufkommen. In der »Hochfürstlichen Reitbahn«, die nach Plänen des Baumeisters von Erdmannsdorff 1790/91 erbaut worden war, entstand eine Bühne, auf der am 31. Juli 1794 Dessaus erster Theaterdirektor Bossann mit Dittersdorfs Oper »Das rothe Käppgen« einen regelmäßigen, fast dreimonatigen Theaterspielbetrieb in der Stadt eröffnete. Erhöhte Ansprüche des Bürgertums und die Wünsche des fürstlichen Hofes verlangten bald nach einer größeren Bühne. Erdmannsdorff erhielt den Auftrag zum Bau eines neuen Theaters. In der Kavalierstraße öffnete sich am zweiten Weihnachtsfeiertag 1798 nach kurzer Bauzeit der Vorhang des »Herzoglichen Hoftheaters« zum ersten Male. Das Dessauer Theater gehörte mit über tausend Zuschauerplätzen neben dem Berliner und Bayreuther Opernhaus zu den größten Theaterbauten seiner Zeit. Während die Theaterdirektoren laufend wechselten, blieb die »Hofkapelle« der ruhende Pol und wurde unter Leitung des Komponisten Friedrich Schneider (1786–1853) ab 1821 zu hohen künstlerischen Leistungen geführt. Mit Schneider begann eine neue Ära des Musiklebens. Das Orchester war zahlenmäßig verstärkt worden und führte nach der Einweihung des neuen Konzertsaales auch ständige Abonnementskonzerte durch. Namen berühmter Künstler ihrer Zeit sind mit dem »Herzoglichen Hoftheater« verbunden: Spohr, Paganini, Liszt, Iffland und Devrient.

Ein Brand zerstörte 1855 das Hoftheater. Aber schon 1856 öffnete das wiederhergestellte Haus mit einer neueingebauten modernen Gasbeleuchtung seine Pforten. Der 1860 zum Hofkapellmeister ernannte Eduard Thiele legte den Grundstein für die Pflege des Opernwerkes Richard Wagners, die von den Generalmusikdirektoren Klughardt, Mikorey, Knappertsbusch, Rother, Seydelmann und Röttger bis heute kontinuierlich fortgesetzt wurde. 1872 erlebte Richard Wagner eine Opernaufführung in Dessau und schrieb darüber: »Ich bezeuge laut, nie eine edlere und vollkommenere Gesamtleistung auf dem Theater erlebt zu haben.« Die Wagnerpflege brachte dem Dessauer Hoftheater später den Beinamen »Nördliches Bayreuth« ein. Aus dem »Herzoglichen Hoftheater« entstand nach der Novemberrevolution 1918 das »Friedrich-Theater«, das am 25. Januar 1922 durch einen Brand in Schutt und Asche sank. Die neue Wirkungsstätte des »Friedrich-Theaters« wurde die wiederum umgebaute ehemalige »Herzogliche Reitbahn«. Das Theater kehrte an jenen Platz zurück, an dem einst die Bühnenkunst ihre erste Heimstätte in Dessau gefunden hatte, und verblieb dort bis zur Errichtung des neuen Hauses am heutigen Friedensplatz. Mit Webers »Der Freischütz« wurde am 29. Mai 1938 das neue Dessauer Theater mit 1250 Plätzen eröffnet. Aber schon sechs Jahre später zerstörten Bomben diesen Bau; das Dessauer Theaterleben schien endgültig zu erliegen. Das Haus war zerstört, aber nicht der Wille der Künstler und der Dessauer Bürger, nach der Befreiung vom Faschismus, unterstützt von den sowjetischen Kulturoffizieren, durch einen kulturellen Neuaufbau dem Leben wieder einen Sinn zu geben. Ohne das große Engagement der »Aktivisten der ersten Stunde« wäre ein neuer Beginn des Dessauer Theaterlebens in der schwer zerstörten Stadt undenkbar gewesen. Die ersten behelfsmäßigen Heimstätten fand das Theater in einem Dessauer Großbetrieb, im Kultursaal der Zuckerraffinerie (heute VEB Gärungschemie) und im Saal des Kristallpalastes. Programmatisch stand am Anfang des Wiederbeginns am 24. November 1945 Goethes »Iphigenie auf Tauris« und in der Oper am 1. Weihnachtsfeiertag 1945 Beethovens »Fidelio«. Am Abend des 20. August 1949 lauschten die Menschen, die das nach dreijähriger Bauzeit unter schwierigen Bedingungen wiedererstandene Haus bis auf den letzten Platz füllten, den unsterblichen Klängen der Mozartschen »Zauberflöte«. Die Premiere von Brechts »Mutter Courage und ihre Kinder« kennzeichnete das neue Programm des Theaters, für den Frieden zu wirken.

GALERIEN UND MUSEEN sind ein wesentlicher Bestandteil des kulturellen Lebens der Stadt. Die Kunstschätze alter Meister machen die überlokale Bedeutung der Dessauer Gemäldegalerie aus, die im Schloß Georgium ihre Heimstatt gefunden hat, nachdem die durch die Sowjetunion 1945 geretteten Bilder 1959 zurückgekehrt waren. Mit dem Einzug der Staatlichen Galerie in das Georgium wurden Park und Schloß für die Dessauer Bürger und Gäste der Stadt eine Stätte künstlerischen Erlebens, der Bildung und der Erholung. Zu den Kostbarkeiten der Kunstsammlung gehören: altniederländische Meister, deutsche Spätgotik und Renaissance, niederländische Manieristen, holländischer und flämischer Barock; außerdem bewahrt die Dessauer Gemäldegalerie eine bedeutende grafische Sammlung mit Handzeichnungen der Dürer-Zeit, Architekturzeichnungen von der Renaissance bis zum Klassizismus, Zeichnungen von Erdmannsdorff, Carl Wilhelm Kolbe, Wilhelm Tischbein und den Brüdern Olivier.

Etwa acht Kilometer vom Stadtzentrum entfernt liegt der kleine Stadtteil Mosigkau, dessen Mittelpunkt eine Schloßanlage mit einem sechs Hektar großen Park bildet. Die Grundlage für den Bau des Schlosses bildete vermutlich ein Plan von Georg Wenzeslaus von Knobelsdorff (1699–1753). Die Bauausführung erfolgte für die Prinzessin Anna Wilhelmine von Anhalt-Dessau (1715–1786), eine Tochter des »alten

Dessauers«, als Sommersitz. Als besondere Kostbarkeit birgt das Schloß eine der wenigen erhaltenen barocken Galerien mit einer Sammlung von vorwiegend niederländischen Gemälden des 17. Jahrhunderts. Bei der Heirat des Fürsten Johann Georg II. von Anhalt-Dessau und der Prinzessin Henriette Katharina von Oranien kam ein reicher Schatz von Gemälden und anderen Kunstwerken an den anhaltischen Hof, der als »Oranische Erbschaft« mit 66 Gemälden den Grundstock für die Mosigkauer Galerie legte. Der Bildersaal des Schlosses, in dem heute in den Sommermonaten auch Konzerte stattfinden, läßt die Schönheit der Kunstwerke voll zur Geltung kommen. Gemälde von van Dyck, de Lust, Honthorst, Jordaens, Brueghel d. Ä., Pesne, van Alsloot erfreuen die Besucher, die jährlich zu Tausenden nach Mosigkau kommen. Seit Juni 1951 ist Schloß Mosigkau Staatliches Museum mit dem Charakter eines Gesellschaftsmuseums des 17. und 18. Jahrhunderts, dessen Räume neben den kostbaren Gemälden mit zeitgenössischen Möbeln, Porzellanen und Fayencen ausgestattet sind.

Im Stadtzentrum von Dessau erhebt sich ein markanter, das Stadtbild beherrschender Turm, der 1847 durch Pozzi entstand. Er ist ein Nachbau des Turmes vom Hospital San Spirito in Rom. Der Turm und die dazugehörigen Gebäude beherbergten seit 1927 das Museum für Naturkunde und Vorgeschichte der Stadt Dessau. 1945 ebenfalls stark zerstört, erhielt es durch den Wiederaufbau zweckmäßige Ausstellungsräume. Heute beherbergt es eine lehrreiche Dauerausstellung, die »Die Entstehung unserer Landschaft, ihre Besiedlung durch den Menschen und ihre Tier- und Pflanzenwelt« beinhaltet.

DIE KÜNSTE UND SCHÖNE LITERATUR pflegten im 18. und 19. Jahrhundert in Dessau so hervorragende Männer wie Friedrich von Matthisson (1761–1831) und Wilhelm Müller (1794–1827). Matthisson, der 1781 als Lehrer am Philanthropinum, 1795 als Vorleser der Fürstin in Dessau wirkte und nach längeren Reisen bis zu seinem Tode in Wörlitz lebte, hatte zu seinen Lebzeiten den Ruf eines lyrischen Talents. Sein Gedicht »Adelaide« ist durch die meisterhafte Vertonung Beethovens in die Musikliteratur eingegangen. Jeden Dichter und Komponisten erfüllt es wohl mit Stolz und Genugtuung, wenn eines seiner Gedichte zum Volkslied wird. Wilhelm Müller hat deren mehrere aufzuweisen. Sind in der Vertonung Franz Schuberts »Die schöne Müllerin« und »Die Winterreise« als Liederzyklen bis in unsere Tage unerreicht, so ist doch eines der Müller-Gedichte aus der Winterreise, »Der Lindenbaum«, sehr bald zum wahren Volkslied geworden und bekannt als »Am Brunnen vor dem Tore«. Aber auch »Das Wandern ist des Müllers Lust« und »Im Krug zum grünen Kranze« werden heute noch gern dargeboten.

Nicht übergehen dürfen wir Moses Mendelsohn, der am 6. September 1729 in Dessau als Sohn eines armen jüdischen Thoraschreibers geboren wurde, 1743 mit 14 Jahren seine Geburtsstadt verließ und zu Fuß nach Berlin wanderte. Dort widmete er sich unter vielen Entbehrungen philosophisch-wissenschaftlicher Tätigkeit, wurde zu einem Aufklärer von europäischem Rang und blieb bis zu seinem Tode am 4. Januar 1786 doch nur »ein geduldeter Schutzjude«. Sein Hauptwerk »Phädon, oder über die Unsterblichkeit der Seele« bildet den Versuch populärer Darstellung philosophischer Ideen im Geiste der Aufklärung. Sein Einwirken auf Lessing, mit dem ihn enge Freundschaft verband, spiegelt sich im Briefwechsel, im Entwurf zum »Laokoon« und vor allem in der Gestaltung des Nathan in Lessings Drama »Nathan der Weise« wider, dessen Vorbild Moses Mendelsohn war. Eine Büste im Stadtpark erinnert an diesen bedeutenden Sohn Dessaus, von dem 1786 nach seinem Tode ein Artikel in einer Berliner Monatszeitschrift mit den Worten schloß: »Er war der Stolz und die Zierde unserer Stadt«.

Die aufgeklärte Haltung des Fürsten Franz hatte nicht nur Einfluß auf die Wirtschaft und Architektur, die Umgestaltung der Landschaft und den Aufbau eines Theater- und Konzertlebens, sondern erstreckte sich auch auf andere Bereiche. Von nationaler Bedeutung war der Versuch Johann Bernhard Basedows (1724–1790), das Schulwesen im Fürstentum Anhalt-Dessau zu reformieren. Sein Buch »Vorstellungen an Menschenfreunde und vermögende Männer über Schulen, Studien und deren Einfluß auf die öffentliche Wohlfahrt« erregte 1769 großes Aufsehen. Nach dem Erscheinen des Elementarwerkes von Basedow 1774 »als ein geordneter Vorrat aller nötiger Erkenntnis«, in vier Bänden mit einem Atlas, wurde auf Wunsch des Fürsten noch im gleichen Jahr das Philanthropinum als frühestes Beispiel einer staatlichen, stark naturwissenschaftlich und auf das praktische Leben orientierten Schule gegründet. Hier wirkten hervorragende Pädagogen wie Wolke, Campe, Salzmann, Neuendorf sowie der Förderer der körperlichen Leibesübungen und der Turnkunst Vieth.

1796 entstand die »Chalcographische Gesellschaft zu Dessau«, die von Erdmannsdorff geleitet, überragende Kupferstecher ihrer Zeit vereinte. Das Verdienst der Gesellschaft bestand in dem Bemühen, die grafischen Künste zu beleben. Sie schuf zahlreiche Kunstblätter, deren vollständige Sammlung sich im Besitz der Staatlichen Galerie Schloß Georgium befindet. Durch die grafische Vervielfältigung von alten Gemälden, die in den fürstlichen Sammlungen nicht jedermann zugänglich waren, und von zeitgenössischer Kunst wurde es möglich, alte und neue Kunstwerke in großer Zahl anzufertigen und dem Bürgertum zu erschließen. Nach Erdmannsdorffs Tode verlor die Gesellschaft bald an Bedeutung und erlosch 1803. In der kurzen Zeit ihres Bestehens hat die Chalcographische Gesellschaft die Werke der Kunst und Architektur des Dessau-Wörlitzer Kulturkreises abgebildet und der Nachwelt erhalten.

Ein sehr schönes Kunstblatt der Gesellschaft zeigt das Portal des von Erdmannsdorff entworfenen »Neuen Begräbnisplatzes«. Der von ihm 1787 angelegte Friedhof »für alle Konfessionen« war der erste kommunale in Deutschland, der keine Grabsteine in den Feldern aufwies. Hier fanden ihre letzte Ruhestätte der Dichter Müller, der bedeutende Militärtheoretiker Berenhorst, der Pädagoge Neuendorf, der Maler Kolbe, der Musiker Rust und Erdmannsdorff selbst.

VOM BAUHAUS DESSAU gingen im ersten Drittel unseres Jahrhunderts neue Impulse auf den Gebieten der Architektur und Kunst aus. Das Bauhaus, das am 4. Dezember 1926 nach Entwürfen von Walter Gropius unter dessen Leitung als

»Hochschule für Gestaltung« in Dessau eröffnet wurde, ist eines der bedeutendsten Zeugnisse des neuen sachlichen Stils in der Geschichte der modernen Architektur. Das Bauhausgebäude dokumentiert mit den Baumaterialien Stahl, Stahlbeton und Glas eine neue Architekturauffassung. Der große Werkstattflügel zeigt die berühmte über drei Stockwerke reichende Fassade aus Metall und Glas, die an ein Skelett aus Stahlbeton gehängt ist. Drei Direktoren leiteten die neue Hochschule bis zu ihrer Vertreibung aus Dessau 1932, Walter Gropius bis 1928, ihm folgte Hannes Meyer bis 1930, und als letzter übernahm Ludwig Mies van der Rohe das Direktorat.

Berühmte bildende Künstler und Formgestalter wirkten am Bauhaus. Dazu gehörten neben den »Altmeistern« Wassily Kandinsky, Paul Klee, Lázlo Moholy-Nagy, Oskar Schlemmer, die »Jungmeister« Marcel Breuer, Hinnerk Scheper, Josef Albers, die Handwerk und Kunst, Technik und Form gleichermaßen beherrschten. Neben dem Bauhausgebäude sind heute noch in Dessau Spuren des Wirkens der Bauhäusler zu finden, so die Gaststätte Kornhaus, die Meisterhäuser, das ehemalige Arbeitsamt (heute Sitz des FDGB-Kreisvorstandes), die Siedlung Törten, die Laubenganghäuser und das Stahlhaus. Die originalgetreue Rekonstruktion des Bauhauses, das durch Bomben stark beschädigt war, gilt als eine bedeutende denkmalpflegerische Leistung, die international anerkannt wird. Jährlich kommen Zehntausende von Besuchern aus allen Teilen der Welt nach Dessau, um das in alter Schönheit wiedererstandene Haus in Augenschein zu nehmen. Heute dient es als interdisziplinäre Bildungs-, Forschungs- und Experimentierstätte für Architekten, Städteplaner, Formgestalter und bildende Künstler.

DESSAUS GEOGRAPHISCHE LAGE machte die Stadt schon frühzeitig zu einem verkehrsgünstigen Handelsplatz, und sie hat ihre Bedeutung als Verkehrsknotenpunkt über die Jahrhunderte bis in unsere Gegenwart bewahrt. Die von Aschersleben kommende »Hohe Straße« überquerte die Mulde in der Nähe der Mühle. Für von Halle und Leipzig her führende Straßen, die nach Magdeburg strebten, gab es in der Nähe von Roßlau eine Furt durch die Elbe, an der 1583 die erste Elbbrücke entstand, die oftmals durch Kriegseinwirkungen zerstört wurde.

1836 war die vierte Elbbrücke dem Verkehr übergeben worden. Mit ihr wurde Dessau in die wichtige Eisenbahnverkehrsader Berlin-Leipzig einbezogen, was sich besonders günstig auf die wirtschaftliche Entwicklung der Stadt in der 2. Hälfte des 19. Jahrhunderts auswirkte. Nach der Zerstörung im zweiten Weltkrieg war Ende 1945 die Elbbrücke für den Eisenbahnverkehr eingleisig wieder betriebsfähig. Heute überspannt den Fluß eine moderne Stahlkonstruktionsbrücke, die von einem Dessauer Betrieb gefertigt wurde.

Das erste Dampfschiff fuhr Ostern 1839 am Elbhaus vorbei, und seit 1859 wurde der Elbumschlagplatz Dessau-Wallwitzhafen zu einer der größten Hafenanlagen im mitteldeutschen Raum ausgebaut, was eine Verbesserung des Transportwesens für die sich entwickelnde Industrie bewirkte. Dazu trug auch der Bau der Eisenbahnlinien in Richtung Köthen und Berlin (1840/41) sowie nach Magdeburg und Leipzig (1857) bei. Neben diesen Eisenbahnlinien verkehrt seit 1894 die Dessau-Wörlitzer Eisenbahn, die in 60 Minuten die 18 Kilometer lange Strecke Dessau-Oranienbaum-Wörlitz zurücklegt und wie einst Besucher des Wörlitzer Parks gemächlich durch die weite Auenlandschaft fährt.

Der zunehmende Auto- und Motorradverkehr erforderte schon in der ersten Hälfte unseres Jahrhunderts eine Einbindung in das Fernverkehrsnetz. Die Autobahnstrecke Berlin–Hirschberg führt als Tangente südlich an der Stadt vorbei, und über die Autobahnzubringer Ost und Süd kann man in kurzer Zeit die Autobahn erreichen. Die Fernverkehrsstraße 184 verbindet Dessau auf kürzestem Wege mit Magdeburg und Leipzig, und auf der F 185 können Motorisierte über Aschersleben den Harz schnell erreichen.

Im innerstädtischen Verkehr bildet das Fahrrad für die Dessauer noch immer das zuverlässigste Verkehrsmittel. Die flache Landschaft in und um Dessau und die weiträumige Anlage der Stadt führen dazu, daß über 80000 Bürger mit dem Rad zur Arbeit, in den Kleingarten, zum Baden oder Einkaufen fahren.

DIE INDUSTRIALISIERUNG DESSAUS beginnt mit dem Bau der ersten Eisenbahnen und der Gründung der Continental-Gasgesellschaft 1855. Nach Forschungen des jungen Oechelhaeuser auf dem Gebiet des Gasgroßmotors wurde 1895 die Deutsche Gasbahngesellschaft gegründet, aus der später die Dessauer Waggonfabrik hervorging. Tausende von Arbeitern strömten in die Bamag, Vorläufer der heutigen großen Maschinenbaubetriebe VEB Maschinenfabrik und Eisengießerei und VEB Elektromotorenwerk, und in den Betrieb Polysius, heute VEB Zementanlagenbau. Mit der Errichtung der Zuckerraffinerie 1871, heute VEB Gärungschemie, kam der erste chemische Betrieb nach Dessau. Zählte die Stadt Mitte des 19. Jahrhunderts erst wenig über 20000 Einwohner, so wuchs die Einwohnerzahl bis 1900 auf über 50000, von denen rund 11500 Lohnarbeiter waren.

In den zwanziger Jahren unseres Jahrhunderts entwikkelte sich in Dessau der Flugzeugbau. Professor Junkers konstruierte und baute unter anderem das erste Ganzmetall-Verkehrsflugzeug der Welt, die F 13, die bei einer Belastung mit sechs Personen den Welthöhenrekord von 6750 Metern erreichte. Kernstück des Junkerkonzerns waren die Flugzeug- und Flugzeugmotorenwerke. Nachdem 1933 der faschistische Staat die Flugzeugwerke übernommen hatte, baute man vorwiegend Kriegsflugzeuge. Dessau wurde damit zu einem Rüstungszentrum des faschistischen Deutschlands.

1945 begann ein neuer Abschnitt in der Entwicklung der Dessauer Industrie. Die Arbeiter in den stark zerstörten Großbetrieben übernahmen die Leitung, reparierten Maschinen und setzten die Produktion dringend benötigter Güter wieder in Gang. Sie legten damit den Grundstein für die heutigen leistungsfähigen volkseigenen Betriebe, deren Erzeugnisse auf dem Weltmarkt große Anerkennung finden.

Die Bürger Dessaus blicken auf eine 775jährige wechselvolle Geschichte ihrer Stadt zurück. Sie leben, wohnen und arbeiten in einer Stadt, die nach der schweren Zerstörung 1945 dank dem Fleiß ihrer Bewohner neu erblüht ist. Das Dessau von heute ist das Werk mehrerer Generationen, die mit ihrer Heimatstadt gewachsen und eng verbunden sind, die mit Stolz und Zuversicht ihre Zukunft gestalten.

2
3
4

1 Ionischer Tempel im Georgium
2 Der Amaliensitz an der Ebertallee
3 Die Ruinenbrücke im Beckerbruch
4 Vase im Georgium
5 Das Schloß Georgium, 1780–1781 von F. W. v. Erdmannsdorff erbaut; rechts neben dem Schloß das Blumengartenhaus mit Tempelfassade
6 Vasenhaus im Beckerbruch
7 Römischer Bogen im Georgium

8 Leopoldshafen an der Elbe
9 Die Elbe bei Dessau mit Blick zum Wallwitzhafen
10–12 Vom Bauhaus Dessau gingen neue Ideen der Architektur und Kunst sowie der industriellen Formgestaltung aus

BAUHAUS
1919
1933
Märzgefallenendenkmal

MODERNE

13 Der Hauptbahnhof von Dessau
14 Neubauten am Bahnhofsvorplatz
15 Backsteinarchitektur der Gründerjahre am Güterbahnhof
16 Dessau ist auch eine bedeutende Industriestadt

ZEMENTANLAGEN
SAU

Wilh Koch.
Eisenhand ung

5
6

17 Semperbrunnen in den Anlagen am Funkplatz
18 Fassadendetail aus der Gründerzeit am Funkplatz
19 Eckhaus »Café Altmann«
20 Am Dimitroffplatz, im Hintergrund die Katholische Kirche
21, 22 Im Landestheater Dessau finden die Ballettwettbewerbe der DDR statt

9
0

2
2

23 Standbild des Kentaur an der alten Stadtmauer
24 Vase im Herbstlaub
25–27 In den Anlagen des Stadtparks stehen die Büsten von Wilhelm Müller und Moses Mendelsohn sowie die Sonnenuhr, die von Achim Kühn geschaffen wurde

28 Das Teehäuschen mit Kaffeegarten im Stadtpark
29 Blick über den Stadtpark in Richtung Karl-Marx-Straße
30 »Die Sinnende« – eine Skulptur von Horst Brühmann auf dem Friedensplatz
31 Springbrunnen vor dem »Haus des Reisens«
32 Blick über die Wilhelm-Pieck-Straße

33 In diesem sorgfältig restaurierten Haus befindet sich das Dessauer Antiquariat

34 Markantes Gebäude im Stadtzentrum – das Museum für Naturkunde und Vorgeschichte

35 Nach einem Regenguß: Dessau unter Wasser

36 Radfahrer bestimmen das Stadtbild bei Arbeitsbeginn und nach Schichtende

37 Die Straßenbahn – unentbehrlich für den innerstädtischen Verkehr

38 Großzügig angelegt ist die August-Bebel-Straße

3
4

39, 40 Das Rathaus mit der Platzgestaltung um den Kleinen Markt
41 Gedenktafel für den bedeutenden Architekten des Frühklassizismus Friedrich Wilhelm von Erdmannsdorff
42 Portal am Historischen Friedhof, angelegt nach Plänen von F. W. v. Erdmannsdorff
43 Ruine der Marienkirche, dahinter der Rathausturm

HISTORISCHER
FRIEDHOF
ERBAUT NACH PLANEN VON
FRIEDRICH WILHELM FREIHERR
VON
ERDMANNSDORFF
RUHESTÄTTE BEDEUTENDER
DESSAUER PERSÖNLICHKEITEN
FRIEDRICH WILHELM FREIHERR
VON ERDMANNSDORFF 1736
1800 FRIEDRICH WILHELM RUST
1739 1796 GEORG HEINRICH VON
BERENHORST 1736 1814 WILHELM
MÜLLER 1794-1827

4
4
4

4
4

44, 45 Die neugotische Pauluskirche inmitten von Neubauten
46, 48 Vielfältig sind die Gestaltungselemente an Altbauten
47 Wohnen im Grünen am Pollingpark

6
7
8

49 Der ehemalige Wasserturm am Lutherplatz
50 Heidestraße mit dem Punkthaus, von den Dessauern »Mohrrübe« genannt
51 Vielbesuchte Schwimmhalle in Dessau-Süd
52 Punkthochhaus an der Mulduferstraße
53 Wörlitzer Eisenbahnbrücke über die Mulde

1
2

54 Sonnenaufgang am Löbben
55 Winterstimmung an der Mulde
56 Blick vom ehemaligen Gestüt auf das Luisium

57 Skulptur »Verschleiertes Bildnis zu Saiis« im Park Luisium
58 Das Schloß Luisium, 1774–1778 von F. W. v. Erdmannsdorff erbaut
59, 60 Ein Volksfest ist der Mildenseer Bauernmarkt unter dem Turm der sieben Winde

5
6

61 Gartenansicht von Schloß Mosigkau
62 Chorkonzert an der Gartenseite von Schloß Mosigkau
63 Schloß Mosigkau, 1734–1756 erbaut: Ehrenhof mit Standbild des Fürsten Leopold von Anhalt-Dessau
64 Porträt des Fürsten Leopold Friedrich Franz
65 »Glasgefäß mit Blumen« von Jan Davidsz de Heem (Ausschnitt)
66 Bildersaal im Schloß Mosigkau
67 Allee zum Friedhof der Stiftsdamen